POURQUOI

M. LE COMTE DE CHAMBORD

N'est pas monté sur le Trône de France

ET

POURQUOI

M. LE COMTE DE PARIS

N'Y MONTERA PAS

PARIS
ALBERT SAVINE, ÉDITEUR
12, Rue des Pyramides, 12

1891

POURQUOI

M. LE COMTE DE CHAMBORD

N'EST PAS MONTÉ SUR LE TRONE DE FRANCE

ET

POURQUOI

M. LE COMTE DE PARIS

N'Y MONTERA PAS

POURQUOI

M. LE COMTE DE CHAMBORD

N'est pas monté sur le Trône de France

ET

POURQUOI

M. LE COMTE DE PARIS

N'Y MONTERA PAS

PARIS

ALBERT SAVINE, ÉDITEUR

12, Rue des Pyramides, 12

1883

Avertissement de l'Auteur

——

La fille aînée de l'Eglise est profondément abaissée.

Le noble pays de France est tombé aux mains de la Franc-Maçonnerie et de la Libre-Pensée.

Depuis la Révolution de 89, le pouvoir public a été à *peu près* constamment détenu par les sectaires des Loges-Maçonniques ou par les partisans de la Libre-Pensée.

En fomentant, sous le premier Empire, les doctrines jansénistes, gallicanes ou régaliennes, les catholiques, d'une école en renom, ont fait le jeu des sectaires qui détenaient les pouvoirs publics.

La civilisation se modifiant, les vieilles erreurs doctrinales, ci-dessus signalées, ont fait place à de nouvelles erreurs non moins funestes à l'Etat qu'à l'Eglise elle-même.

Le Souverain pontife Pie IX a flétri cent fois, avec une énergie de langage que chacun connaît, ces nouvelles erreurs connues sous le nom de *catholicisme libéral*. Il a refusé la pourpre romaine à des prélats français qu'il savait entachés de ces erreurs libérales.

On put croire un moment, après le Concile du Vatican, que les partisans de ce *catholicisme libéral* avaient capitulé et compris les conséquences fatales de ces doctrines. Il n'en était rien. Ses partisans ont relevé peu à peu la tête et, à cette heure, le pouvoir civil a comblé de ses faveurs tous les coryphées de ce parti. Ils sont les maîtres de la situation.

Les esprits sensés et clairvoyants se demandent avec frayeur : *Où va la France ?* — Un Prélat, de bruyante renommée et qui prétendait donner des conseils au Prince éminent que l'on croyait appelé à régner un jour, publia une brochure sous ce titre : *Où allons-nous?* — On lui fit une réponse qui a été trop vite oubliée. — *Nous allons à l'abîme où vous et votre parti nous conduit.* -- C'était vrai.

La noblesse de France abdique. L'Episcopat garde un silence de mort. En dix ans, jamais aucun des pouvoirs, qui ont précédé la troisième République n'a été aussi lâchement persécuteur de l'Eglise. Chacun s'incline et se tait.

Un prince, digne fils de St-Louis, paraissait l'espoir de la France. Le gallican Frayssinous, évêque d'Hermopolis, ancien sulpicien, lui avait inculqué quelque peu le virus gallican. Mais le noble prince s'en était à peu près complètement débarrassé dans la suite des temps. Pourquoi les vœux qui l'appelaient au trône de France n'ont-ils pas été exaucés? Pourquoi le prince qui se pose comme son héritier et que son parti salue déjà du nom de roi de France ne parviendra-t-il pas, lui non plus, à ce même trône ; c'est ce que les pages suivantes vont apprendre aux lecteurs ?

L. de S.

PREMIÈRE PARTIE

POURQUOI

M. LE COMTE DE CHAMBORD

N'EST PAS MONTÉ SUR LE TRONE DE FRANCE

I

La ville de Mantes

Connaissez-vous Mantes la jolie?

C'est une petite ville de Seine-et-Oise, allègrement campée sur les bords de la Seine. Un cirque de coteaux boisés lui sert d'enceinte. Son aspect pimpant séduit le voyageur, quand il l'aperçoit de loin, par exemple, pendant les dix minutes d'arrêt du train de Dieppe et du Hàvre.

Mantes est une ville très ancienne, dans laquelle il s'est passé une foule de faits historiques très intéressants. Elle attend son historien.

Or, dans cette ville de Mantes, il existe une maison discrète, située rue Saint-Pierre et flanquée de deux pavillons. L'un sert de cabinet de réception, l'autre d'atelier de menuiserie. C'est là que je voudrais introduire mon lecteur.

La chose, il est vrai, n'est pas facile. Les curieux n'y pénètrent jamais, quoiqu'ils fassent. Là, dans ce modeste manoir, vivait naguère un vieillard fort respectable, avec la Princesse, son épouse, un vieux domestique et une vieille servante. La chronique locale raconte qu'il était venu se fixer à Mantes, vers 1840. Elle ajoute que ce vieillard avait été, durant sa jeunesse, exilé par Louis XVIII, pour avoir osé, étant élève de Saint-Cyr, conduire sa mère à la droite du Roi, au mariage de l'une de ses sœurs dans la chapelle du château de Rosny-sur-Seine, commune du canton de Mantes. En 1817, Mme la Duchesse de Berry, fit l'acquisition du splendide château de Rosny. Cette vaillante princesse l'embellit encore et y fit sa résidence. C'est dans la chapelle de ce château qu'est déposé le cœur de l'infortuné duc de Berry, tombé sous le fer de l'ignoble Louvel Ce château fut vendu, après 1830, à M. Stone, banquier anglais, puis à M. le Comte Le Marais qui le possède encore.

Forcé de quitter la France, sa véritable patrie, le Prince exilé se rendit à Naples et servit, en qualité d'officier, dans la garde royale. A son retour en France, il avait épousé l'une de ses cousines, d'origine anglaise, mademoiselle Charlotte-Louise Brown.

Ce noble vieillard vivait dans une sorte de solitude, recevant fort peu de monde. Il passait sa vie à méditer l'histoire de la Restauration, devant un grand Christ d'ivoire. Quand il voulait se récréer un peu, il s'amusait à faire de la sculpture. Les rares visiteurs qu'il recevait, n'ignoraient pas son origine ; mais on évitait, avec le plus grand soin, d'y faire la moindre allusion.

Quand il sortait en ville, chacun se découvrait avec une sorte de vénération. Son allure était certainement distinguée, je dirais même volontiers, un peu hautaine. On eût dit Louis XIV descendu de son cadre. En le voyant, chacun était frappé de sa ressemblance avec les Bourbons, surtout avec Henri IV, dont il avait le caractère un peu bourru, mais très bienfaisant et gai à l'occasion.

Il affectait de ne jamais se montrer en public, si ce n'est dans les grandes processions si célèbres de Mantes. Il déployait un grand zèle pour les rendre aussi brillantes que possible. Il suivait, avec une assiduité exemplaire, les offices de la paroisse, et occupait la première place du banc d'œuvre, en sa qualité de président du conseil de fabrique. Il avait la présidence de la Société de Saint-Vincent-de-Paul, qu'il dirigeait avec une remarquable intelligence. Souvent, il offrait des sommes importantes à cette œuvre, sous le voile de l'anonyme. Mais les membres de l'œuvre savaient tous quel était cet anonyme. Un orphelinat lui doit son existence. Aucune bonne œuvre, à Mantes, ne lui était indifférente ou étrangère.

Malgré cette vie austère d'anachorète, malgré cette sorte de passion pour la solitude, il suffisait d'avoir vu une seule fois ce respectable vieillard, pour être convaincu que le masque placide, qui couvrait cette tête ardente, n'était qu'un masque de résignation. Cet homme avait dû avoir certainement toutes les passions de ses aïeux. Chacun sait que Henri IV et Louis XIV n'ont jamais eu un goût bien prononcé pour la vie d'anachorète. Néanmoins, on est parvenu, nous ne saurions dire par quels moyens, à circonvenir son esprit, à éteindre ses passions, à l'enfermer, en quelque sorte, dans une petite ville, aux portes de Paris, sous la garde d'une espèce de superstition étroite.

Ce Prince, que tous les habitants de Mantes ont connu, ne parlait jamais de son origine. On le surprenait seulement à parler de son auguste mère, pour laquelle il professait un culte tout particulier. Il ne la désignait jamais que par ces mots : *La Princesse.* Cette femme d'une remarquable beauté, de manières non moins distinguées, était fort sensible à l'attachement de son noble fils, qu'elle venait de temps en temps visiter à Mantes. On nous assure qu'elle a terminé sa carrière en Angleterre, quelques années avant son fils, le 7 mai 1876, à l'âge de 93 ans. Une fille pieuse, que nous ferons connaître tout à l'heure, est allée en Angleterre, recueillir sa dépouille mortelle, pour l'avoir auprès d'elle à Couffée, en Basse-Bretagne.

Notre respectable vieillard inscrivait sur ses cartes de visite, ces seuls mots :

M. Thomas Brown.

Grand, robuste, d'une mise fort simple, M. Brown sortait le plus rarement possible. Si des affaires le conduisaient à Paris, il ne manquait pas de descendre chez l'une de ses deux sœurs, qu'il affectionnait beaucoup et qui, tour à tour, venaient lui rendre visite à Mantes.

L'ameublement de la demeure de M. Thomas Brown était de bon goût, mais sans aucune recherche. Sa bibliothèque était seule à remarquer. Outre tous les volumes qui ont paru sous la Restauration, on y voyait un splendide Christ d'ivoire et le masque du duc de Berry.

M. Brown, ou, si vous voulez, Mgr de Mantes, n'ayant pas eu d'enfants de son mariage, l'étude, les pratiques de dévotion, la culture de son jardin et des travaux de ciselerie étaient ses seules distractions.

En apercevant M. Thomas Brown dans les rues, les vieux habitants de Mantes se disaient à l'oreille :

« C'EST LE FRÈRE AINÉ DE MONSEIGNEUR LE COMTE DE CHAMBORD. »

Oui, cher lecteur, les Mantais ont dit vrai.

M. Thomas Brown était le frère légitime de M le comte de Chambord.

Que de lecteurs vont se récrier ! Que de gens, en France, ignorent encore, à cette heure, que M. le comte de Chambord avait un frère aîné ! — Mais c'est là une infâme calomnie, va dire tout le noble faubourg Saint-Germain. Qui ne sait que Mgr le duc de Berry n'a eu, de son mariage avec la princesse Caroline de Naples, que deux enfants, madame la duchesse de Parme et M. le comte de Chambord ?

 Voilà, nous le savons, l'opinion courante, générale.

Eh ! bien, cher lecteur, nous venons la combattre, d'abord dans un but de *vérité historique.* Gardez-vous bien de croire que notre intention soit de ternir, le moins du monde, la mémoire vénérée de M. le comte de Chambord. Autant que vous, et peut-être plus que vous, nous avons aimé, admiré celui que la voix publique se plaisait déjà à désigner sous le nom d'*Henry V*. Avec toute la France honnête et catholique, nous avons appelé de tous nos vœux son avènement au trône de France. Jusqu'au jour de sa mort, qui fut un deuil véritable pour la vraie France, notre conviction, comme la vôtre, nous portait à croire que ce Prince était réservé à la France, pour sa régénération morale et pour le soutien de la Papauté. Nous pensions avec vous, que Dieu le tenait en réserve comme un vase d'élection pour le salut de sa patrie.

Cependant, nous devons le confesser, malgré ses brillantes qualités, le noble Comte de Chambord n'était pas pur de tout levain de gallicanisme. Il avait eu pour précepteur l'Évêque d'Hermopolis, ancien sulpicien, qui avait faussé sa première éducation religieuse. Le Prince avait bien, à la longue, rectifié cette mauvaise éducation ; mais il lui restait encore quelque chose des principes déplorables qu'on lui avait inculqués, et qui n'étaient pas en pleine harmonie avec les doctrines catholiques. Nous nous disions, dans notre for intérieur : *Peut-être Dieu attend-il que cet auguste Prince ait rejeté ces restes du vieux gallicanisme qui a tant fait de mal à l'Eglise et à la France, pour en faire l'instrument de ses miséricordes envers notre malheureuse patrie.*

La mort du noble Prince nous a atterré comme tous les vrais Français. Sans un esprit de foi élevé, on eût été tenté de se plaindre à Dieu de nous avoir ravi la seule planche de salut, qui paraissait rester à la France.

Mais, en face de la catastrophe de Frohsdorff, nous nous sommes recueilli devant Dieu. Nous nous sommes demandé, s'il n'y avait pas quelque secret empêchement à l'avènement d'Henry V. Nous avons scruté son histoire. Nous nous sommes rappelé qu'à plusieurs reprises, le noble Prince avait été à la veille de ressaisir le sceptre de ses ancêtres. N'était-ce pas comme une fatalité? Une main invisible, mais mystérieuse, ne semblait-elle pas éloigner du trône ce Prince, chaque fois qu'il était à la veille d'y monter? Ne le sentait-il pas lui-même, quand il disait : *La parole est à la France, et* L'HEURE EST A DIEU? Et, ce qui doit frapper d'étonnement tous ceux qui ont suivi, avec attention, la marche des évènements, n'est-ce pas le Prince, qui parfois, mettait lui-même obstacle à cet avènement si vivement désiré par lui et par tous les siens? En cela, ne semblait-il pas être l'instrument inconscient d'une force supérieure à toutes les volontés?

Aujourd'hui, notre conviction est faite. *M. le comte de Chambord* NE POUVAIT PAS ET NE DEVAIT PAS RÉGNER SUR LA FRANCE.

Il était personnellement trop honnête pour s'emparer du pouvoir par un coup d'état ou par un acte criminel. D'une autre part, Dieu pouvait-il vouloir sauver la France, par la main d'un Prince, dont la naissance était *entachée ?* Ses vertus privées n'y pouvaient rien. Mgr le Comte de Chambord était le fils d'un BIGAME et jusqu'à sa mort, il ne fit RIEN pour légitimer sa position, soit au point de vue civil, soit au point de vue religieux. M. le Comte de Chambord, disait volontiers : *Je suis le droit.* Mais son frère aîné, qui vivait alors, n'avait-il pas un droit qui primait le sien ? Si ce frère était légitime, qui pourrait le contester ?

C'est cette légitimité que nous allons prouver ici, avec une évidence incontestable.

Après l'avoir établie, nous essayerons de montrer aussi que, dans notre conviction, la famille royale des Bourbons, tant de la branche aînée que de la branche cadette, EST REJETÉE DU CIEL *et ne règnera plus sur la France.*

II

Du mariage légitime de Mgr le duc de Berry, en Angleterre

Condamné à l'exil, et à un exil dont rien ne présageait la fin, le duc de Berry s'était séparé de la famille royale, pour se fixer à Londres. Ses historiens, même les plus dévoués, avouent, d'un commun accord, que ce prince, sans doute pour chasser les ennuis de son exil, menait à Londres une *vie très libre et fréquentait une société peu digne de son rang*.

Sur ce séjour du Prince à Londres, voici ce qu'en disent les principales biographies. Celle de Michaud déclare que le duc de Berry fit à Londres une *liaison* et qu'il voyait une société peu digne de son rang. Celle de Didot traite le Prince plus sévèrement. Elle convient que les mœurs du Prince étaient licencieuses, qu'il y contracta une *union*, de laquelle il eut plusieurs enfants.

Dans son éloge historique du duc de Berry, M. de Chazet se tait complètement sur la vie privée du Prince à Londres. Pour lui, le Prince fut toujours *un modèle accompli de toutes les vertus.*

Mgr de Quélen, Coadjuteur de Paris. fit le panégyrique du Prince à ses funérailles. Aucune parole d'un blâme. même voilé, sur la jeunesse du duc de Berry, ne se fit entendre. Aux yeux de Mgr de Samosate, le Prince était plus qu'un saint : il *ceignait, en succombant, la couronne du martyre.* (Textuel.)

Chateaubriand a publié la *Vie de Mgr le Duc de Berry.* Voici comment il parle de la jeunesse du duc et de son séjour à Londres (page 105) :

« Le Duc de Berry faillit à Londres. » comme faillit François Ier et Bayard, » Henri IV et Crillon, Louis XIV et

» Turenne. Il y a deux espèces de
» fautes qui, toutes graves qu'elles doi-
» vent être aux yeux de la religion, sont
» traitées avec indulgence, dans la patrie
» d'Agnès et de Gabrielle. En condam-
» nant trop sévèrement, dans ses rois, les
» faiblesses de l'amour et le penchant
» à la gloire, la France craindrait de se
» condamner elle-même. »

Chateaubriand, un peu plus loin, page
242, ajoute :

« Le duc de Berry avait eu, en Angle-
» terre, *une de ces liaisons que la re-*
» *ligion réprouve*, et que la fragilité
» humaine excuse. »

Ce même écrivain raconte que le Duc
de Berry, avant de mourir, dans la loge
de l'Opéra, des suites du crime de l'infâme
Louvel, manda auprès de lui deux jeunes
princesses, qu'il avait eues à Londres,
et les présenta à la duchesse de Berry,
qui ignorait complètement leur existence, en lui recommandant d'en avoir
soin.

Bien que profondément impressionnée, la Duchesse fit une noble contenance et promit sa protection à ces jeunes princesses, qui, en effet, furent élevées sous la direction de la Duchesse.

Comment et pourquoi le Duc de Berry ne fit-il pas venir aussi son fils, le frère aîné des deux princesses ?

Le jeune Prince était-il absent de chez sa mère, à ce moment-là ? Le Duc de Berry avait un caractère inconstant. Personne de ses amis ne fut surpris de l'*abandon*, dans lequel il laissa une femme qui s'était donnée à lui, non sans résistance. Cependant, il sentait intérieurement qu'il avait des devoirs envers une épouse légitime, qui lui avait donné trois enfants et avec laquelle il avait vécu, non pas comme avec une maîtresse, mais comme avec *une épouse légitime*. Il l'avait fait venir à Paris. Amy Brown, ou plutôt la Duchesse de Berry, habita d'abord un hôtel, sur l'emplacement duquel se trouve, à présent, le collège Chaptal.

Puis elle habita un petit hôtel, au n°
14 de la rue Neuve des Mathurins, qui
fut plus tard donné en apanage à l'une
de ses filles. Le duc de Berry venait
presque chaque jour voir ses enfants.

Voici ce qu'en dit madame de Cayla :
« Une fois à Paris, Amy crut un moment que les espérances de toute sa vie
allaient se réaliser. Mais la dignité de la
Maison royale se refusa à sanctionner
une alliance désormais si peu propor-
tionnée avec sa fortune nouvelle ; bizarre
analogie entre cette alliance brisée par
la politique et celle de Jérôme Bonaparte
avec mademoiselle Paterson. (*Mém.
d'une femme de qualité*, t. I, p. 246,
1829). »

Il fut décidé que le silence se ferait
autour de l'enfant mâle. Grâce aux
mesures prises à cet égard, on y réussit
parfaitement.

On le voit, les biographes, les pané-
gyristes, académiciens ou archevêques,
les historiens aussi, n'ont vu, dans le

mariage contracté, qu'une *liaison...
qu'une union passagère* du prince avec
une demoiselle anglaise.

Les plus honnêtes gens, même dans le
parti légitimiste, ont ignoré, les uns que
le duc de Berry ait eu des enfants en
Angleterre, les autres n'ont pas voulu
admettre la possibilité d'un vrai et légitime mariage contracté à Londres par ce
prince. C'est ainsi que naguère M. le
Vicomte Oscar de P..., fort connu par
la noblesse de ses sentiments chrétiens,
nous écrivait, à ce propos, les paroles
suivantes :

« Vous me surprenez bien vivement,
en assimilant au mariage, à un sacrement, une liaison plus ou moins pro-
longée et plus ou moins... féconde. »

Or, tous ces biographes, tous ces historiens, tous ces prélats, ont été ou mal
informés ou bien ont trahi volontaire-
ment la vérité, sur ce qu'ils appellent
complaisamment la liaison du duc de
Berry.

La vérité historique et religieuse, la voici :

Le Prince a contracté à Londres *un véritable mariage ; il a reçu le sacrement de mariage* de l'Eglise catholique, avec toutes les conditions requises, à ce point que nulle puissance, ni civile ni religieuse, ne peut en briser les liens. Le mariage chrétien est à jamais indissoluble, s'il a été contracté sans aucun empêchement dirimant et selon toutes les règles de l'Eglise.

Or, telle a été l'union du duc de Berry avec miss Amy Brown.

Le Prince avait rencontré un jour, en société, la fille d'un ministre protestant (1). Cette jeune personne, de l'aveu de tous, était fort vertueuse, austère même, comme on l'est dans cette classe de jeunes filles, mais aussi d'une beauté éclatante. Le Prince en était devenu éper-

(1) Le révérend Joseph Brown, mort à Mardstone, le 8 avril 1824, à 77 ans. L'épouse de ce dernier se nommait Marie-Anne Deacon ; elle mourut le 10 mars 1806, à 59 ans.

dument amoureux ; mais rien n'avait pu détourner du droit chemin la jeune Anglaise.

Que l'on remarque bien cette parole. Le Prince proposa alors le mariage ; il fut agréé, et il eut lieu selon toutes les règles de l'Eglise et de l'Etat. Ce mariage fut donc légitime.

Toutefois, il ne se fit pas sans quelques difficultés. Miss Amy Brown, était née à Mardstone, dans le comté de Kent, le 8 avril 1783. Elle avait alors vingt-et-un ans et le Duc de Berry vingt-six ans. Elle était protestante, mais elle fit à son royal époux le sacrifice de sa religion, en se convertissant au catholicisme, et la cérémonie nuptiale fut célébrée par un prêtre, dans la chapelle catholique de King-Street, Porthman-Square, à Londres.

La conversion de miss Brown est un fait certain ; sa cohabitation avec le prince jusqu'en 1816, n'est pas moins certaine. Or, nous ferons remarquer de suite, qu'aucun prêtre catholique n'aurait pu recevoir dans le sein de l'Eglise miss Brown, sans exiger la cessation de concubinage, s'il avait existé, comme l'ont cru faussement les légitimistes français.

Aucun arrêt légitime n'a déclaré et n'a pu déclarer nul le mariage du duc de Berry avec miss Brown. Une simple décision extrajudiciaire ou administrative ne peut rien en cette affaire.

Nous savons que les gallicans régaliens opposent, à la légitimité de ce mariage, l'absence du consentement de M. le Comte d'Artois et de celui de M. le Comte de Provence, chef de la famille royale, au cas où le fils de Louis XVI fût véritablement mort au Temple.

Mais tous les catholiques savent que c'est une hérésie de déclarer que le consentement du père, et celui du chef de la famille, pour le prince, soit nécessaire. Le Concile de Trente est formel à cet égard. Il dit anathème à quiconque soutient que les mineurs, habiles au mariage, ont besoin du consentement des parents pour la validité de leur mariage.

Cette décision s'applique entièrement aux familles royales. Jamais Rome n'a voulu admettre que le mariage de l'héritier présomptif de la couronne ne pût être valide qu'avec le consentement du chef de la maison. La preuve en est dans le refus constant que fit le pape Urbain VIII, par rapport à Gaston, frère de Louis XIII.

Au surplus, en 1804, le duc de Berry n'était pas l'héritier présomptif de la couronne. Le duc d'Angoulême était son aîné et pouvait avoir des enfants. Le père de ces deux princes, M. le Comte d'Artois, n'avait lui-même alors que quarante-sept ans.

Au point de vue civil, le code français accorde un an aux parents, pour faire opposition au mariage ; ce laps de temps écoulé, le mariage est inattaquable. Or, dans le cas présent, *onze* ans se sont écoulés, de 1804 à 1816, sans que ni

le Comte d'Artois, ni celui de Provence,
aient fait entendre la moindre réclama-
tion.

En Angleterre, la présence d'un prêtre catholique n'est même pas nécessaire
pour la validation du mariage. Le
Concile de Trente n'y a jamais été publié.
Il ne l'a été en Irlande, qu'en 1827. En
Angleterre donc, le mariage est validé
par le seul consentement des époux,
même sans témoins. Les relations intimes, *cum affectu maritali*, suffisent
pour faire le *mariage indissoluble devant Dieu*. Rome décide tous les jours,
dans ce sens, des affaires de ce genre
concernant les mariages en Angleterre.

A ceux qui doutent de la validité du
mariage du duc de Berry, nous dirons
encore : « Comment prouver que, durant
» onze ans de cohabitation, le duc de
» Berry n'a pas traité, une seule fois,
» *affectu maritali*, une femme qui lui
» a donné *trois* enfants, une femme qui,
» pour s'attacher au Prince par un lien

» sacré et légitime, a embrassé le ca-
» tholicisme, et dont chacun a connu la
» parfaite honnêteté ? »

La présomption juridique est que le
Duc de Berry a fait cela et que, dès lors,
son mariage est indissoluble.

Contre une telle présomption juridique, le droit canon n'admet aucune
preuve ordinaire. Il faudrait pouvoir
opposer des preuves inéluctables, comme
serait une déclaration devant notaire,
antérieure aux relations du Duc avec
miss Brown et protestant qu'il n'a pu et
n'aura jamais l'intention de la prendre
pour sa femme légitime.

Il est donc absolument certain que
miss Brown, pour parler le langage
théologique, est en possession de son
mariage. Il n'est même pas en son pouvoir de renoncer à ce droit, *le voulût-
elle*. Les régaliens, qui lui ont fait
entendre que le roi Louis XVIII avait
le pouvoir d'annuler son mariage, *l'ont
indignement trompée*. Cette fraude n'a

pas le pouvoir d'annuler le *sacrement de mariage reçu.*

Qu'on nous permette de le dire ici bien haut ; les vrais coupables, en cette affaire, sont les théologiens, les légistes régaliens qui ont assuré à Louis XVIII qu'en sa qualité de Chef de la dynastie et de Souverain, il pouvait *annuler un sacrement,* après onze ans de cohabitation conjugale.

Le cas de miss Brown est absolument identique à celui de miss Paterson, devant lequel le Souverain Pontife Pie VII s'est déclaré impuissant, malgré toute sa bonne volonté.

La longue existence de M. Thomas Brown n'a-t-elle pas été déjà comme une *protestation providentielle* contre l'iniquité dont sa mère a été victime ?

Cependant, les années que miss Brown passa avec le duc de Berry, dans l'union la plus légitime qui fût jamais, s'écoulèrent rapidement. Napoléon succomba devant une formidable coalition euro-

péenne. La couronne de France revint
à l'oncle du jeune marié, M. le Comte de
Provence.

C'est alors que l'oncle, devenu Louis
XVIII, en prince philosophe et libéral,
peut-être même peu croyant, trouva
l'épouse de son neveu trop roturière.
Pour avoir l'air de faire les choses avec
droiture et loyauté, il consulta les légistes et les théologiens. On sait que les
belles théories gallicanes, enseignées
dans un séminaire célèbre de Paris et
publiées dans les livres de l'un de ses
derniers supérieurs-généraux, M. Carrière, donnent au Roi tout pouvoir sur
le mariage des princes. On invoqua
donc ces théories, et Louis XVIII, de
par sa volonté toute-puissante, cassa le
mariage du duc de Berry, sans même
s'occuper des enfants venus au monde
pendant l'exil.

En toute cette affaire, Louis XVIII
montra un sans gêne déplorable, qui ne
devait pas porter bonheur à sa famille,

et accomplit une infamie à laquelle
naturellement le duc de Berry, par
faiblesse, dût prêter son concours.

Comment est-on parvenu à faire entendre à miss Brown que son mariage
était nul ? *C'est le secret des dieux.*
Toujours est-il que l'iniquité fut con-
sommée en 1816.

Des légitimistes, se croyant plus
avisés que les autres, sont allés jusqu'à
nier le mariage du duc de Berry avec
miss Brown, ne voyant que des enfants
illégitimes dans les fruits de cette union.
Nos paroles leur ouvriront les yeux,
nous l'espérons.

Il en est d'autres qui ont fait l'objection
suivante : Si M. le comte de Chambord
n'est qu'un enfant illégitime, comment se
fait-il que le parti libéral, si acharné
contre la famille royale, ne se soit pas
emparé de cette thèse depuis 1830 ?

Jamais, en effet, ni sous Louis XVIII,
ni sous Charles X, ni même sous Louis-
Philippe, les ennemis de la dynastie n'ont

songé à repousser du trône M. le Comte de Chambord, en se basant sur cet argument.

La raison de leur silence est bien simple. Le mariage du duc de Berry s'est accompli à une époque où toute l'attention de la France était portée bien ailleurs que sur les Princes exilés. Les désastres de la première Révolution, les guerres de l'Empire, préoccupaient seuls, et à bon droit, tous les esprits à cette époque. Puis, le mariage du prince, contracté dans un pays étranger, fut à peine remarqué. La naissance modeste de miss Brown n'attirait pas l'attention publique sur elle. Enfin, nous ajoutons que les libéraux de l'époque, comme ceux de nos jours, n'attachaient pas de l'importance à un fait qui, même connu, n'avait alors que peu d'importance. Qui pouvait, à cette époque, où Napoléon était le maitre du monde, prévoir le retour de Louis XVIII, le mariage du duc de Berry avec une princesse de la cour de Naples ? Les amis intimes de la famille royale étaient peut-être les seuls qui fussent bien au courant de la nature de l'union du Prince avec miss Brown.

En toute cette affaire, il y a un fait bien plus inexplicable, peut-être, à un point de vue, que le silence des légitimistes et celui des libéraux. Ce fait que l'on ne s'explique pas aujourd'hui est le silence complet des plus intéressés à le divulguer, à faire valoir leurs droits.

Ainsi, on ne voit nulle part que la femme légitime, la seule légitime du Duc de Berry, ni son fils, connu sous le nom de M. Thomas Brown, mort le 3 juillet 1882, peu de mois avant M. le comte de Chambord (1), dans la ville de Mantes, ni les deux sœurs de celui-ci, aient jamais protesté contre un acte qui les privait de leurs droits et de leur rang. Ils semblent, au contraire, s'être fait gloire d'être les plus ardents et les plus

(1). Il était né le 20 avril 1805, à Georges-Granville.

zélés serviteurs de M. le Comte de Chambord.

Le silence de ces intéressés serait, en effet, une objection d'un certain poids contre le mariage du duc de Berry en Angleterre.

Mais, qu'on ne l'oublie pas, nous avons démontré la validité, tant au point de vue civil qu'au point de vue religieux, du mariage de ce Prince avec miss Brown. *Le silence des intéressés ne peut rien contre un acte de ce genre.*

Louis XVIII n'a jamais passé pour un prince fort scrupuleux. Imbu, comme chacun le sait, d'une forte teinte de voltairianisme, il ne devait pas être très délicat sur le choix des moyens.

Sa lettre au pape Pie VII prouve bien, au fond, le scrupule qu'il ressentait. Si miss Brown n'était qu'une maitresse comme tant de princes s'en donnent malheureusement, même de nos jours, à quoi bon un recours au Pape ? La lettre de

Louis XVIII au Saint-Père existe dans les archives de l'ambassade de Rome.

Tous ceux qui approchent de près la vieille noblesse de France, savent de combien de vieux préjugés elle est remplie, encore de nos jours, et combien il devait être facile de lui faire admettre les prétendus droits régaliens du Chef de la famille royale. On a donc abusé de la bonne foi de miss Brown, qui a subi le joug qu'on lui imposait injustement et l'on a fait partager à ses enfants une *conviction erronée*, que l'époque seule où s'accomplissait cette suprême injustice, pouvait couvrir d'un vernis de légitimité.

Aujourd'hui, un tel acte ne pourrait plus s'accomplir. La voix publique forcerait les intéressés à ne pas s'ensevelir dans le silence. Les droits régaliens ne seraient plus reconnus, quel que fût le despote qui occuperait le trône de France. La grande voix de l'Eglise a fini par débusquer de ses avant-postes le vieux gallicanisme, réfugié de nos jours seulement dans la bureaucratie des ministères, où il est, là, comme une vieille armure rouillée, que l'on voudrait en vain remuer à présent.

Louis XVIII et tous ses partisans ont commis une criante iniquité dans toute cette affaire du duc de Berry.

Mais la conscience catholique, mais la Providence a parlé et son témoignage est d'autant plus éclatant, qu'il apparaît et se fait entendre dans ce silence complet de la part des amis, des ennemis de la branche aînée, voire même des ayants-cause, en un mot, de tous.

En effet, que le lecteur pèse mûrement ce qui suit :

Depuis 1816, à partir du jour où le Duc de Berry, violant toutes les règles du droit le plus sacré, oubliant ses engagements solennels devant Dieu et devant son Eglise, contracta son *concubinage public*, avec une princesse de la maison royale de Naples, ne dirait-on pas que la main divine s'est appesantie sur la branche aînée ?

1° La Chambre introuvable est dissoute : l'opposition se réveille ; le Gouvernement de la Restauration ne connait plus un seul jour vraiment tranquille et heureux.

2° Le duc de Berry est frappé, le 13 février 1820, par le fer d'un assassin et périt le lendemain. Les deux filles de miss Brown sont appelées à son lit de mort. La duchesse leur fait embrasser sa fille, comme leur sœur.

3° En 1830, Charles X abdique en faveur du duc d'Angoulème, qui renonce, à son tour, au profit du jeune duc de Bordeaux. La révolution prend aussitôt un ascendant irrésistible. La cour quitte Rambouillet et s'achemine vers les pays de l'exil. La seule explication plausible de tous ces faits, c'est que tout droit à la couronne n'existait plus devant Dieu. Qu'on examine avec soin la manière dont les événements tournent, s'enchaînent, sa développent avec une effrayante précipitation.

4" Cinquante et quelques années se sont écoulées. Une force mystérieuse a constamment éloigné le Comte de Chambord, lorsqu'il n'avait plus qu'à prendre la couronne. Que d'occasions perdues ! 1848, 1871, et surtout octobre 1873, au moment même où son retour paraissait inévitable.

Bon nombre d'esprits clairvoyants déclaraient, depuis plusieurs années, que le Ciel ne laisserait pas le sceptre de France tomber dans les mains du fils du duc de Berry, sans pouvoir, cependant, indiquer d'où viendrait l'obstacle principal.

Or, cet obstacle est venu en partie du côté où on l'attendait le moins, du côté de M. le Comte de Chambord lui-même. Le mouvement d'opinion produit par sa lettre d'octobre 1873 est, humainement parlant, inexplicable : il a dépassé de beaucoup la portée de cette lettre.

Ce phénomène de l'éloignement systématique du trône, alors même que la majorité de la France l'y appelait, serait moins frappant, si l'on eût soulevé, à cette époque, la question de bigamie devant l'opinion publique, si l'on s'était basé sur cet argument, pour repousser M. le Comte de Chambord.

Devant le silence complet qui s'est fait autour de cette question, la main de Dieu se montre plus clairement. Les vertus personnelles du prince confirment ce point de vue.

Les légistes raffinés nous feront encore une objection. Ils déclareront que M. le Comte de Chambord, par suite du silence complet de ceux qui avaient droit de réclamer, s'est trouvé, aux yeux de l'Europe entière, comme en possession d'état d'enfant légitime incontestable.

Mais cette objection n'est que spécieuse. Les légistes qui la font le savent bien au fond.

Que M. le Comte de Chambord se soit

présenté, dans ses proc'amations à la France, avec son drapeau sur lequel brille la devise : *Possession d'état,* avec son manteau royal confectionné en partie, grâce au silence de tous les ayants-cause, cela ne fait que confirmer notre thèse. Tous ces motifs, n ont pas amené un courant d'opinion suffisant pour faire reconnaître ce prétendu droit du noble Comte.

Car le droit est impitoyable pour tout ce qui n'est qu'apparence et tient pour néant, l'*erreur* commune, quelle qu'en soit l'origine, la source et la forme.

III

Les enfants légitimes de M. le duc de Berry à Londres

Tous ceux qui ont lu les historiens de M. le duc de Berry, connaissent la scène émouvante qui se passa dans la loge du concierge de l'Opéra, après l'attentat odieux commis sur la personne du prince. Toute lafamille royale se pressait dans cette loge. Le prince mourant fit venir les deux jeunes filles, nées de son mariage avec miss Amy Brown. Il les présenta pour la première fois à la duchesse de Berry, qui, en cette circonstance, fut admirable et les lui recommanda comme ses propres enfants. La duchesse de Berry exécuta loyalement sa promesse.

Les deux jeunes princesses furent, dans la même année, 9 juin 1820, *titrées*, l'une Comtesse d'Issoudun, l'autre Comtesse de Vierzon.

Que devinrent-elles ?

L'ainée, Charlotte - Marie - Augustine, née le 13 juillet 1808, épousa, le 30 septembre 1823, le comte Ferdinand-Victor-Amédée, prince de Faucigny-Lucinge.

On lit, en effet, dans la généalogie de la maison de Faucigny-Lucinge (1826) (*Biblioth. nation.*).

« Ferdinand-Victor-Amédée, comte et

» marquis... etc., né à Versailles, le 8
» septembre 1789, prince de Lucinge, a
» épousé, par contrat signé du roi et
» de sa famille et des princes du sang
» royal de France, le 8 octobre 1823,
» très haute, très puissante et très illustre
» demoiselle Charlotte-Marie-Augustine,
» comtesse d'Issoudun, fille reconnue
» de très haut, très puissant et excellent
» prince, Mgr Charles-Ferdinand de
» France, fils de France, duc de Berry,
» etc , et de mistress Amy Brown, ledit
» seigneur et prince duc de Berry, étant
» le deuxième fils de Charles X du
» nom, roi de France et de Navarre et
» de Marie-Thérèse de Savoie, fille du
» roi Victor-Amédée de Sardaigne.
» Ladite Damoiselle Charlotte-Marie-
» Augustine, ayant été créée comtesse
» d'Issoudun, en Berry, par lettres
» patentes du roi Louis XVIII, avec
» concession des armes de France ainsi
» blasonnées et brisées d'azur, aux trois
» fleurs de lis d'or, accompagnant une

» pa'rie de même, et posées l'un en
» chef et les deux autres en pointe de
» l'écu : le tout abaissé sous un chef
» d'or chargé de trois fleurs de lys d'azur
» mises en face. »

Nous ne devons pas omettre cette clause du contrat : *La mère de l'épouse a attesté le décès du père de ladite épouse.*

Amy Brown a signé l'acte. La même clause a été insérée au mariage de la sœur cadette, et Amy Brown y a apposé également sa signature. La présence de la mère, à ces deux contrats, ne laisse aucun doute sur la légitimité du mariage du duc de Berry, s'il pouvait y en avoir.

Madame de Lucinge est devenue veuve, le 10 mars 1856, ayant cinq enfants.

Charles-Marie de Faucigny-Lucinge et Coigny, quatrième du nom, prince du saint Empire romain, né le 16 août 1824, ayant pour parrain et marraine le roi Charles X et madame la duchesse douairière de Berry.

La seconde fille du duc de Berry, Louise-Marie-Charlotte, titrée comtesse de Vierzon, née le 8 décembre 1809, épousa, le 16 juin 1827, le baron Athanase de Charette.

Elle devint veuve le 16 mars 1848, laissant six enfants, parmi lesquels M. le général de Charette, connu de chacun.

La reconnaissance des jeunes princesses, par le duc de Berry, au lit de mort, n'entrainait aucune complication politique.

Il n'en était pas de même de celle du frère des deux princesses.

Mesdames de Charette et de Lucinge ont entretenu, jusqu'à la fin, les meilleures relations avec leur frère. Elles venaient souvent lui rendre visite à Mantes. Ces deux nobles familles, si respectables et si respectées en France, dans tous les camps politiques, conduisaient le deuil aux obsèques de M. Thomas

Brown. Nous savons que, depuis le décès de ce prince, elles entourent encore madame Brown de leur affectueux attachement, et vont prier avec elle sur la tombe du défunt.

Quant aux princes d'Orléans, ils n'eurent jamais, paraît-il, de relations avec M. Thomas Brown. **M.** le comte de Paris et son chevaleresque frère ont eu occasion d'aller à Mantes, plusieurs fois, à l'occasion des grandes manœuvres ; jamais ils ne rendirent visite à M. Brown.

On a dit, dans le temps, que M. le comte de Chambord avait visité son frère aîné. Mais le fait n'est pas exact. M. Brown évitait, avec un soin remarqué, de parler du comte de Chambord et, quand il le faisait, on a pu voir qu'il l'accusait de *manquer d'énergie*.

Quand M. Thomas Brown mourut à Mantes, on lui fit des obsèques comme à un simple habitant de la ville. Aucun signe de distinction n'annonçait sa royale origine. Il n'y eut qu'un seul incident,

que nous nous plaisons à rappeler ici.
Au moment où le corbillard passait
devant une certaine maison, les membres de la famille qui l'habitaient, vin-
rent déposer des couronnes sur le cer-
cueil, avec un respect émouvant, en
saluant en M. Brown le ROI DE FRANCE.

La postérité se demandera, avec étonnement, comment M. Thomas Brown
était tombé si complètement dans l'oubli.

On sent combien ce fils du duc de Berry
était embarrassant, une fois les Bourbons revenus au pouvoir.

Il fut alors décidé que le silence le
plus absolu se ferait autour de son nom
et, grâce aux mesures prises à cet égard,
on n'y réussit que trop. C'est ainsi que
le fils aîné du duc de Berry, né d'un
mariage légitime, qu'aucune puissance
divine et humaine ne peut casser, fut
perdu de vue durant près d'un demi-siè-
cle. Les théories gallicanes n'ont rien à
voir ici, n'en déplaise aux légistes et sur-

tout aux théologiens de cette triste école.

Le frère ainé du comte de Chambord, au point de vue civil et religieux, possédait tous les droit. possibles à la succession de son père, le duc de Berry.

Une question tres grave se présente ici.

Sa solution est fort embarrassante. — M. le comte de Chambord a-t-il été mis au courant de son vice originel ?

Nous pensons que l'on a dû cacher longtemps au Prince le *mariage légitime* de son père avec miss Brown. Mais est-il possible que ce prince l'ait toujours ignoré? Il a connu l'origine des deux princesses que son père mourant fit appeler dans la loge de l'Opéra. Aurait-on fait croire au Prince que ces deux jeunes filles étaient les seuls enfants que son père ait eu de son union avec miss Brown? Cela serait possible, à la rigueur, vu le rôle effacé de M. Thomas Brown. Cependant, cette supposition est difficile à admettre.

Ce qui semble plus probable, c'est qu'on aura fait croire au Comte de Chambord que l'union de son père avec miss Brown n'était pas un vrai mariage, et que Louis XVIII, son oncle, en vertu du pouvoir régalien, avait le droit de le casser.

La loyauté, l'honnêteté bien connue du Comte de Chambord, ne permettent pas de faire d'autres suppositions.

Il n'en est pas moins vrai que la situation du Comte de Chambord était fausse et malheureuse tout à la fois.

Le même cas s'est présenté dans l'histoire de France. Ainsi, Philippe-Auguste voulut faire casser son mariage. Il en référa aux évêques de France qui, réunis en Concile, en prononcèrent la dissolution. Se croyant désormais libre, Philippe-Auguste épousa Agnès de Méranie, mais le Pape Innocent III annula la décision du Concile. Philippe-Auguste se trouvait donc bigame. Il eut recours au

Pape, qui, vu la bonne foi du prince, accorda la dispense en faveur des enfants. Tous les évèques de France durent souscrire à la Bulle, parce que le plus grand retentissement devait être donné à la dispense, dans l'intérêt des bonnes mœurs et pour la sauvegarde du dogme concernant l'indissolubilité du mariage.

Le fait du Duc de Berry et du Comte de Chambord est identique à celui de Philippe-Auguste et des enfants d'Agnès de Méranie.

Le comte de Chambord, s'il eut connu son vice originel, n'eut pas manqué, nous le supposons, de recourir au **Saint-Siège**.

Quoi qu'il en soit, en l'état où il se trouvait, M. le comte de Chambord était ni plus ni moins le fils d'un bigame, non légitimé.

Providentiellement parlant, il ne pouvait monter sur le trône de Saint-Louis.

Telle est la conclusion rigoureuse qui

s'impose, qu'on le veuille ou qu'on ne le veuille pas.

Les légitimistes qui ont entouré le comte de Chambord, sont persuadés, comme nous, que ce Prince avait la conviction qu'il règnerait un jour. Fit-il, humainement parlant, toujours ce qu'il eut fallu faire pour préparer son avènement? Nous ne le pensons pas. Mais ce qui fera à jamais sa gloire, c'est d'avoir déclaré qu'il ne serait jamais le *roi de la Révolution*. Les catholiques libéraux, en voulant lui imposer des conditions en 1873, alors qu'il paraissait si près du trône, n'avaient d'autre but que de forcer ce prince à abdiquer la couronne royale. L'Evêque d'Orléans et tous ses amis ont joué, en cette circonstance, le plus triste rôle politique qu'il soit possible d'imaginer. M le comte de Chambord avait promis de faire le jour complet sur ce ténébreux complot orléaniste. Le temps lui a manqué. Mais, en élevant nos vues plus haut, nous

disons, nous, que le *Ciel* n'avait point
destiné ce pieux Prince à être le Sauveur
de la France.

DEUXIÈME PARTIE

POURQUOI
M. LE COMTE DE PARIS
NE MONTERA PAS SUR LE TRONE DE FRANCE

THÈSE

La dynastie des Bourbons, tant les membres de la Branche aînée que ceux de la Branche cadette, est REJETÉE.

I. PRINCIPES SUR L'ORIGINE DU POUVOIR

Les sages, les philosophes de l'antiquité, ont tous, guidés les uns par le reflet de la tradition primordiale, les autres par les lumières d'une haute et puissante raison, enseigné que le POUVOIR VENAIT DU CIEL.

De ces Sages anciens, nous ne citerons ici que le témoignage de ceux de la Chine. Cette nation n'est pas seulement la plus ancienne de toutes celles qui existent actuellement, mais elle est sans contredit celle des nations païennes qui a le plus fidèlement conservé les traditions de la révélation primitive. Les philosophes chinois, Confucius surtout, en transmettant leur doctrine sur *l'origine du pouvoir*, ont insisté fortement sur ce point capital qu'ils ne *faisaient que conserver et transmettre les enseignements, eux-mêmes de la plus haute antiquité*. Or ils enseignent, d'une voix unanime, que :

« Le Ciel seul peut conférer le mandat » de régir et de gouverner les peuples.

« Mais ce mandat, une fois conféré à » une dynastie, ne l'est pas pour *tou-* » *jours*.

« Tant que la dynastie à laquelle le » Ciel l'a conféré est *fidèle à ce mandat*, » le Ciel lui laisse le pouvoir. Si elle est » infidèle, LE CIEL LA REJETTE. »

Les sages de la Chine ajoutent que les mauvais princes, qui apparaissent quelquefois sur le trône, sont donnés en châtiment à un peuple.

Toute la théorie chrétienne sur l'origine du pouvoir est exposée dans ces trois mots de l'apôtre saint Paul : *Tout pouvoir vient de Dieu. Omnis potestas a Deo.*

Saint Paul ne transmettait, lui aussi, que l'enseignement *primordial ;* ce n'était donc pas une doctrine nouvelle.

Sans l'ignorance trop commune chez nous sur l'origine de nos dynasties, nous saurions, par notre histoire, les trois choses suivantes :

1° Jusqu'à la race capétienne, la monarchie était *élective* et non *héréditaire* par droit d'ainesse.

2° L'élection restait toujours conditionnelle, c'est-à-dire que l'élu jouirait de la souveraineté, tant qu'il en jouirait pour le bien de la communauté et non pour son oppression et sa ruine. La tyrannie, l'hérésie, l'apostasie, le scandale grave... formaient autant de causes résolutives du contrat passé entre le roi et le peuple électeur. L'article X de la Charte de

Louis le Débonnaire mérite d'être
consigné ici : « Si quelqu'un de nos
» trois fils, ce qu'à Dieu ne plaise,
» devenait oppresseur des églises et des
» pauvres, en exerçant la tyrannie, qui
» renferme toute cruauté, ses deux
» frères, suivant le précepte du Sei-
» gneur, l'avertiront secrètement jusqu'à
» trois fois de se corriger. S'il résiste, ils
» le feront venir en leur présence et
» le réprimanderont avec un amour
» paternel et fraternel. Que, s'il méprise
» absolument cette salutaire admonition,
» la sentence commune de tous décidera
» ce qu'il faut faire de lui, afin que, si
» une admonition salutaire n'a pu le
» rappeler de ses excès, il soit réprimé
» par la puissance impériale et la com-
» mune sentence de tous. »

3° Que, pour éviter les séditions
particulières et l'ambition de quelque
prétendant, c'était au jugement de Dieu
qu'on en appelait ordinairement, de Dieu

représenté par Pierre et ses successeurs, les Pontifs romains

Le Pape devenait ainsi, non pas le maître, mais l'arbitre qui jugeait paternellement entre le prince et ses accusateurs. C'est ainsi que l'on voit le père de Clovis, Childéric, chassé du royaume de France à cause de sa conduite impure et notoirement scandaleuse et remplacé par le romain Œgidius.

Or, en nous appuyant sur l'enseignement catholique, nous ne craignons pas d'affirmer que la *dynastie des Bourbons* tout entière est *définitivement rejetée.* Sans doute, cette dynastie a rendu d'incontestables services à la France. Elle a élevé notre pays à l'un des premiers rangs des puissances européennes. Quelle que soit l'opinion que l'on professe en politique, on ne peut contester ce fait.

Mais, tout en rendant hommage et justice à cette dynastie, on ne peut nier non plus, qu'au siècle dernier, les Souverains qui ont gouverné la France n'aient donné l'exemple d'une *corruption effrénée* qui, de la Cour, s'est répandue sur tout le corps de la nation.

Une main invisible a poussé le peuple à devenir l'exécuteur des hautes œuvres de la justice divine. Louis XVI, bon, honnête, vertueux même, mais très faible de caractère, a payé de sa tête les débauches de ses aïeux.

On aurait pu croire, un moment, que cette royale victime serait un holocauste suffisant pour laver les fautes de la dynastie. Malheureusement il n'en était rien.

Que le Ciel paraisse avoir *rejeté définitivement* la dynastie des Bourbons, que le pacte conclu primitivement entre cette dynastie et le peuple soit véritablement *brisé*, *rompu*, cela ressort, d'une manière visible, pour qui sait lire les enseignements de la Providence, dans la succession des évènements humains.

II. BRANCHE AINÉE DES BOURBONS

L'infortuné fils de Louis XVI est-il véritablement mort au Temple ?

Nous convenons qu'absolument parlant, l'enlèvement du Dauphin de la Tour du Temple n'est pas un fait *impossible*.

Cet enlèvement était plein de périls et de difficultés, cela va sans dire.

Mais est-il absolument certain qu'il ait eu lieu ?

L'opinion publique, la croyance générale et ferme du peuple français est que le jeune prince est mort au Temple, victime des mauvais traitements qu'il subissait.

Cette croyance est même profondément enracinée dans l'esprit des Français.

Il est certain qu'on ne s'expliquerait pas aujourd'hui l'*oubli* dans lequel aurait été laissé ce Dauphin, enlevé du Temple, pas plus que la conspiration générale du silence, non seulement de tous les Souverains de l'époque, mais encore des propres membres de sa famille. On ne s'expliquerait pas davantage que les auteurs de cet enlèvement n'aient pas trouvé le moyen de le faire connaître, de manière à enlever tout doute et surtout à empêcher l'opinion publique de s'égarer complètement sur un fait d'une importance aussi capitale. La période révolutionnaire s'achève. Où est le Dauphin? L'Empire s'établit. Durant toute sa durée, on connaît le lieu de séjour des princes vivants de la maison de France. Où se cache le Dauphin?

Un écrivain, qui s'occupe de recherches historiques et publie une Revue intitulée : le *Curieux*, M. Nauroy, admet l'évasion du Dauphin. Mais il affirme, d'une autre part, que ce véritable Dauphin serait mort *depuis longtemps* à Savenay.

L'histoire des nombreux faux dauphins est connue. Chacun d'eux a eu des partisans zélés, honnêtes, convaincus, d'une bonne foi parfaite ; tous ont été dupes. Ces faux dauphins ont disparu successivement.

A ce moment, une famille se donne encore pour la vraie descendance du fils de Louis XVI, qui serait mort, en 1845, en Hollande. Cette famille a cherché plusieurs fois à revendiquer ses droits civils de Français. Elle a introduit la cause devant les tribunaux.

Les demandeurs, on le sent, en introduisant une telle action devant la justice civile, ont dû exciper toutes les pièces qui pouvaient établir leur dro.t et faire valoir tous les arguments juridiques qui militaient en leur faveur. Or, les tribunaux français ont repoussé, par un jugement très motivé, la demande de *reconnaissance*. La justice humaine est sans doute faillible. Toutefois, ce refus judiciaire de la reconnaissance du droit réclamé par les Naundorff jette une grande défaveur sur leur cause ; on ne peut en disconvenir.

Comme tous les autre dauphins, cette famille a su gagner la sympathie de quelques milliers de personnes *droites* et *honnêtes*, qui sont persuadées de son origine royale. L'ainé du soi-disant fils de Louis XVI prend aujourd'hui le titre de *Louis Charles de Bourbon*, ou mieux, de *Charles XI*. Il adresse des manifestes à la France. Il change l'écusson de la famille des Bourbons, pour y placer un cœur, celui du Sauveur. Il a choisi pour exergue de son blason ces mots : *In hoc signo vinces*.

Il est très important de faire remarquer ici trois choses : la première, c'est que le prétendant Charles XI, en consacrant la France au Sacré-Cœur, n'avait pas encore abjuré les *erreurs du protestantisme*. Du moins, on nous l'affirme. Ceci est grave. La deuxième, c'est qu'on invoque à présent, auprès des âmes droites, cette consécration de la France au Sacré-Cœur par le prétendant, comme une marque du salut futur de la France et une preuve des droits royaux de cette famille. La dévotion au Cœur de Jésus n'a rien à voir dans une question de compétition à la royauté. Il est profondément regrettable que des prêtres et des laïques intelligents s'abusent à ce point-là. Nous dirons, en troisième lieu, que l'on s'écarte davantage à présent des voies de la saine doctrine, en faisant intervenir en faveur d'un prétendant au trône de France, les révélations de quelques religieuses, notamment celles d'une sœur de Loigny, au diocèse de Chartres. On nous met sous les yeux des *imprimés* qui relatent ces révélations. L'Ordinaire du diocèse en a sagement défendu la diffusion jusqu'à ce que Rome fasse entendre sa voix.

Après la mort de Mgr l'Evêque de Chartres, la communauté de Loigny a repris courage et ses partisans ont fait appel au Saint-Siège. Rome s'est prononcé de

nouveau, dans le sens de sa première décision. Le nouvel Evèque de Chartres a
été chargé de fulminer dans son diocèse
le décret de Rome.

Rome a confirmé les actes de Mgr de
Chartres.

La vie romanesque, aventureuse, nous
dirons même *scandaleuse* du chef de
cette famille, du soi-disant Louis XVII,
dit Naundorff, n'est certainement pas de
nature à lui gagner l'estime et la consi-
dération publique. Il a subi des condam-
nations infamantes pour son manque
d'honnêteté. Quand il vint en France,
pour la première fois, en 1833, il ignorait complètement la langue française.
Vrai fils de Louis XVI, il n'eut pas cessé
de parler et d'écrire en sa langue mater-
nelle et n'eut pu l'oublier à ce point.
Ses rêveries religieuses à Londres, sa
prétention de fonder une religion nouvelle, digne en tout de celle du fameux
Michel Vintras, condamnée par Grégoire
XVI, éloigneraient seules de sa cause

tout esprit sensé. Il fallait ètre à la fois bien corrompu et bien dénué de raison, pour écrire et répandre des sottises telles que celles qu'il débitait alors à Londres. Nous n'oserions les consigner sur ce papier. Le Souverain Pontife Grégoire XVI, dans le même bref contre Michel Vintras, y englobait aussi le prétendant Naundorff, en disant de lui cette parole à retenir : *Qui se falso ducem Normanniæ nominat.*

Cette parole d'un Pape n'est pas un dogme de foi, répliquent les adhérents de la famille Naundorff. **Sans** aucun doute : mais pense-t-on qu'en consignant cette parole dans son Bref, en traitant Naundorff de *faux duc de Normandie*, le Pape ait écrit à la légère ? Si Naundorff n'était pas le vrai *duc de Normandie*, qu'était-il ? Est-ce qu'un catholique peut hésiter une minute, entre la parole publique, solennelle du Chef de l'Eglise et les rédacteurs, quelque honnêtes et honorables qu'ils soient, d'une feuille intitulée : *La Légitimité?* Si la parole de Grégoire XVI n'est pas un argument décisif contre le prétendu Louis XVII, n'est-elle pas au moins d'un grand poids dans la balance?

Les partisans les plus dévoués des Naundorff, sans pouvoir nier l'inconduite du prétendant et ses actes à Londres, disent encore que tout cela ne prouve pas que Naundorff n'en soit pas moins le vrai fils de Louis XVI. Assurément la vie dépravée n'infirme pas les droits légitimes de la naissance. Mais cette vie dépravée éloigne les cœurs de la cause du prétendant. Il faut être atteint de folie, au moins, pour vouloir fonder un christianisme nouveau, prétendre avoir des colloques avec l'Archange Saint-Michel, recevoir du ciel des fleurs et les offrir aux crédules partisans de ses rêveries.

Malgré tous les efforts de cette famille Naundorff, il est impossible de ne pas apercevoir tant de points obscurs, tant

d'incohérence dans toute l'histoire de ce prétendant que, malgré la meilleure volonté, une adhésion complète est presque impossible à donner.

On a brodé avec habileté tout un roman autour de ce nom. Et si des écrivains ont cru pouvoir donner aux membres de la famille Naundorff le titre d'*imposteurs*, nous nous garderons bien de l'appliquer à ses partisans. Nous croyons loyalement à leur bonne foi et à leur parfaite honnêteté. Ils se trompent, selon nous, et voilà tout.

Mais admettons, pour un moment, que la famille Naundorff soit la vraie descendance de Louis XVI, malgré le manque de *preuves absolues* de l'évasion, malgré l'oubli si long dans lequel il a vécu, malgré l'abandon des rois et des souverains, malgré la parole du Pape, etc., la France, qui, en somme, n'a pas voulu du comte de Chambord, dont personne alors, dans le monde politique, dans l'opinion publique, ne contestait le titre de représentant *officiel* et *unique* de la branche aînée des Bourbons, admettrait-elle jamais la lignée si peu connue des Naundorff? Quel homme sensé oserait le croire? — Que les partisans honnêtes, mais abusés de cette famille, attirent, si cela est possible (nous ne le croyons pas), par un formidable coup de trombone, l'attention publique sur la descendance du prétendu Louis XVII Naundorff, la France, avant de se prononcer sur son identité, sur ses droits (si droits il y a), ne voudra-t-elle pas connaître, outre les preuves certaines, indubitables de son évasion du Temple, toute son histoire et celle de sa famille? Ce n'est que par cette double connaissance que la France pourrait prononcer un verdict.

Eh bien, nous ne craignons pas de dire aux partisans de Charles XI que, tout en admettant que ce personnage inconnu de nous soit le vrai descendant de Louis XVII, la vie scandaleuse du père de ce prétendant actuel le ferait écarter, *avec mépris et sans la plus petite tergiversation*, du trône de France. *La France croirait placer à sa tête un aventurier.*

Les partisans des Naundorff ont, à nos yeux, un double tort : premièrement celui de croire qu'ils pourront jamais produire en faveur de leur prétendant, un mouvement général d'opinion tel que la France arrive à admettre sans conteste l'évasion du Dauphin, comme un fait historique d'une parfaite certitude. Si ce mouvement se produisait, ce serait à nos yeux le plus étonnant des miracles. Le deuxième tort des adhérents de la famille Naundorff, est de croire qu'une dynastie n'est jamais rejetée, qu'elle a des droits imprescriptibles à posséder un trône, tant qu'elle n'est pas éteinte.

On cherche à faire prévaloir aujourd'hui, dans le monde religieux, une opinion qui ne repose, en réalité, sur aucun fondement sérieux : *La France ne sera sauvée*, répète-t-on dans mille bulletins religieux, *que par le Sacré-Cœur de Jésus.*

C'est là une opinion que l'on met en vogue très à tort, puisqu'elle n'a pas la sanction de l'Eglise. Elle a surtout un inconvénient très grave, celui de donner prise aux ennemis de la religion. Non, ce n'est pas telle ou telle pratique de dévotion pieuse qui sauvera un pays ; c'est l'observation générale, par les chefs qui gouvernent et par le peuple gouverné, des lois de la Justice et du Décalogue, qui élève et qui sauve une nation. *Justitia elevat gentem...*

Autrefois, par cette expression de *sauvée*, on entendait surtout le côté gouvernemental, le côté politique. On espérait l'avènement de M. le Comte de Chambord. On allait disant partout qu'une fois chaque diocèse consacré au Sacré-Cœur, la monarchie dite légitime serait rétablie. Les évêques, sans en excepter un seul, ont fait cette consécration. Le pieux Comte, objet de tant d'espérances, a été enlevé d'une façon mystérieuse, Dieu montrant clairement que le salut tant désiré ne devait pas venir par la main de ce prince. Il n'y a plus aujourd'hui aucun prétendant vraiment digne du trône de St-Louis, profondément imbu des principes catholiques, fils réellement dévôt de la sainte Eglise et assez ferme pour restaurer le trône renversé.

La dynastie des Bourbons, dans ses deux branches, n'a-t-elle pas reconquis, un moment, le pouvoir royal ? Ne semble-t-il pas que chacune ait largement prouvé qu'elles n'avaient pas compris les grandes leçons de la Providence ? Toutes les deux n'ont-elles pas continué les *erreurs de la Révolution*, sous une forme atténuée, mais réelle ? Aussi, après seize ou dix-huit ans d'un nouveau bail, accordé par la Providence à chacune d'elles, le peuple, qui est presque toujours sans le savoir l'instrument de la volonté divine, n'a-t-il pas expulsé successivement les princes des deux branches de cette dynastie ?

Que l'on nous permette de citer ici les paroles d'un catholique diplomate très éminent : « Dieu a condamné la monarchie française. En vain, cette institution s'était-elle profondément transformée pour s'accommoder aux circonstances et aux temps : cela ne lui a servi de rien ; sa condamnation a été sans appel et sa perte inévitable. La monarchie de droit divin finit avec Louis XVI sur l'échafaud ; la monarchie de la gloire finit avec Napoléon dans une île ; la monarchie héréditaire finit avec Charles X dans l'exil ; et avec Louis-Philippe finit la dernière de toutes les monarchies possibles, la monarchie de la prudence. »

(Donoso Cortès, p. 314.)

Seul rejeton, *publiquement reconnu*, de la branche aînée, M. le Comte de Chambord a disparu, au moment où tous ses plus chauds partisans s'écriaient, dans les conférences et les banquets, avec un touchant accent de foi : « Nous ne disons plus : Le *roi va venir*, nous disons · Le *roi vient.* »

La Providence s'est chargée de la réponse.

III. BRANCHE CADETTE
(*La famille d'Orléans*)

Qui ne connaît pas l'histoire de la famille d'Orléans ? Qui n'a pas présent à l'esprit les scandales du fameux Régent ? Peut-on songer à Philippe-Egalité sans éprouver une douloureuse indignation ?

Quant au roi Louis-Philippe, sans lui refuser quelques qualités, que l'on nous permette de citer ici les jugements d'hommes éminents sur ce Prince.

On lit dans les Mémoires de Chateaubriand, tom. IV, p. 154 :

« Je venais de me coucher, le 13 février au soir, lorsque le marquis de Vibraye entra chez moi pour m'apprendre l'assassinat du Duc de Berry. Dans sa précipitation, il ne me dit pas le lieu où s'était passé l'évènement. Je me levai à la hâte et je montai dans la voiture de M. de Vibraye. Je fus surpris de voir le cocher prendre la rue de Richelieu et plus étonné encore quand il nous arrêta devant l'Opéra. La foule, aux abords, était immense. Nous montâmes, au milieu de deux haies de soldats, par la porte latérale à gauche et comme nous étions en habits de pair, on nous laissa passer. Nous arrivâmes à une sorte de petite antichambre ; cet espace était encombré de toutes les personnes du château. Je me faufilai jusqu'à la porte d'une loge et je me trouvai face à face de M. le Duc d'Orléans. Je fus frappé d'une expression mal déguisée, jubilante, dans ses yeux ; à travers la contenance contrite qu'il s'imposait, il voyait de plus près le trône. Mes regards l'embarrassèrent ; il quitta la place et me tourna le dos. »

Nous citons encore Chateaubriand qui,

au tome V de ses Mémoires, p. 272, parle
ainsi :

« M. le Duc d'Orléans avait eu, sa vie
durant, pour le trône, ce penchant que
toute âme bien née sent pour le pouvoir. Ce penchant se modifie, selon les
caractères, impétueux et aspirants, moux
et rampants, imprudents, ouverts, décla-
rés dans ceux-ci ; circonspects, cachés,
honteux et bas dans ceux-là ; l'un, pour
s'élever, peut atteindre à tous les crimes ;
l'autre, pour monter, peut descendre à
toutes les bassesses. M. le duc d'Orléans
appartenait à cette dernière classe d'am-
bitieux. Suivez ce prince dans sa vie ;
il ne dit et ne fait jamais rien de complet et laisse toujours une porte ouverte
à l'évasion. Pendant la Restauration, il
flatte la Cour et encourage l'opinion libérale ; Neuilly est le rendez-vous des mé-
contents. On soupire, on se serre la
main, en levant les yeux au Ciel, mais
on ne prononce pas une parole assez

significative pour être reportée en haut lieu. Un membre de l'opposition meurt-il? on envoie un carrosse au convoi, mais ce carrosse est vide. Si, au temps de mes disgrâces de Cour, je me trouve aux Tuileries, sur le chemin de M. le duc d'Orléans, il passe ayant soin de saluer à droite de manière que moi, étant à gauche, il me tourne l'épaule. Cela sera remarqué et fera bien.

« Il y avait, en juillet 1830, deux partis à prendre pour M. le duc d'Orléans; le premier et le plus honorable était de courir à Saint-Cloud, de s'interposer entre le roi et le peuple, afin de sauver la couronne de l'un et la liberté de l'autre; le second consistait à se jeter dans la barricade, le drapeau tricolore au poing et à se mettre à la tête du mouvement. Philippe avait à choisir entre l'honnête homme et le grand homme; il a préféré escamoter la couronne du roi et la liberté du peuple.

« La Cour pouvait le mander à Saint-

Cloud ou le faire enlever de Neuilly. On ne fit ni l'un ni l'autre.

« Sur des renseignements que lui porta M. de Bondy, dans la nuit du 27 juillet, Louis Philippe se leva à trois heures du matin et alla se cacher. Le 30 juillet, M. Thiers alla à Neuilly et ne trouva pas le duc d'Orléans. La duchesse l'envoya chercher au Raincy par le comte Anatole de Montesquieu.

« Le soir du 30 juillet, une députation de douze députés envoya un message à Neuilly. Louis-Philippe partit pour Paris avec M. de Berthin, Haymès et Oudart. Il portait à sa boutonnière une cocarde tricolore : il allait enlever une vieille couronne au garde-meuble.

« Arrivé au Palais-Royal, il envoya complimenter M. de Lafayette. La députation des députés se présenta. Louis-Philippe accepta la lieutenance générale du royaume ; il prépara de suite une proclamation qui finit par ces mots : *La charte sera désormais une vérité.*

« La proclamation fut bien accueillie ;
M. Guizot fit une réponse. Le prince
s'attendrit, en acceptant et gémissant,
des circonstances qui lui en faisaient un
devoir.

« Ceux qui avaient espéré une République furent déçus. Lafayette les aban-
donna. Les jeunes gens essayèrent quelque résistance. On répliqua aux procla-
mations et aux affiches du duc d'Orléans.

« La résistance continuait; le 30 juillet,
au matin, il était encore question de pro-
clamer la République. On parlait de
tuer le duc d'Orléans ou de le faire partir
pour Cherbourg.

« Le 3 août, la Chambre se réunissait.
Le trône resta vide. L'anti-roi s'assit à
côté.

« Louis-Philippe lut sa proclamation.

« Par une misérable ruse et une lâche
réticence, le duc d'Orléans supprima le
nom d'Henri V.

« Le tort réel de Louis-Philippe n'est
pas d'avoir accepté la couronne ; son

délit est d'avoir été le tuteur infidèle,
d'avoir dépouillé l'enfant et l'orphelin,
délit contre lequel l'Ecriture-Sainte n'a
pas assez de malédiction ; et jamais la
justice divine n'a manqué de punir les
infractions à la loi morale.

« Louis-Philippe, son gouvernement,
tout cet ordre de choses impossibles et
contradictoires périra dans un temps
plus ou moins retardé par des cas for-
tuits, par des complications d'intérêts
intérieurs ou extérieurs, par l'apathie et
la corruption des individus, par la légè-
reté des esprits, l'indifférence et l'efface-
ment des caractères ; mais, quel que soit
la durée du gouvernement de Juillet, elle
ne sera pas assez longue pour que la
branche d'Orléans puisse pousser de pro-
fondes racines. »

Ces paroles de l'illustre écrivain ne
ressemblent-elles pas à une prophétie ?

Le deuxième Empire crut devoir, à tort
ou à raison, pour des raisons d'Etat, s'emparer, en 1852, des biens du roi Louis-

Philippe. Ses quatre fils adressèrent alors une protestation qui avait plus pour but de venger la mémoire de leur père, *outragée dans les considérants du décret impérial*, que de protester contre cet enlèvement de leurs biens. Ils donnent à leur père le titre de *meilleur des rois*, etc.

Le comte Ludovic de Chaunac, dans une lettre écrite à M. le duc de Nemours, crut devoir protester contre les qualifications données au roi Louis-Philippe.

Nous extrayons de sa lettre le passage suivant :

« La vie politique du duc d'Orléans,
» votre père, est aujourd'hui de l'his-
» toire et je ne connais rien de plus
» dangereux que de fausser l'histoire.
» Jamais un *usurpateur* ne peut être un
» bon roi ; et lorsque la couronne usur-
» pée est celle d'un enfant, d'un parent
» dont la famille royale vous a comblé
» de bienfaits, l'usurpation est plus

» odieuse encore. Je proteste donc contre
» cette expression de *meilleur des rois*,
» et, permettez-moi de le dire, je proteste
» avec toute la France. Veuillez vous
» souvenir de la Révolution de 1848 ;
» vous avez été à la Chambre, escortant
» madame votre belle-sœur et le comte
» de Paris, votre neveu. Avec une noble
» abnégation, vous avez voulu renoncer
» aux droits de la régence que vous con-
» férait une loi... Vous avez vu combien
» on a peu compris votre chevaleresque
» démarche ; vous avez vu, pour les prin-
» cesses de votre maison, ce déplora-
» ble manque d'égards ; votre père errer
» sur les côtes de la Normandie et ne
» pouvoir qu'avec peine se procurer un
» embarquement clandestin ; et pas un
» de vos courtisans, pas un de vos pré-
» tendus amis n'a osé vous donner une
» marque de dévouement et d'affection ;
» pas *une démission* n'est venue pro-
» tester contre tous ces actes.

» Vous ajoutez que le roi, votre père, a

» donné à la France *dix-huit ans de*
» *paix, de prospérité et de dignité*. Je
» ne referai pas ici l'histoire de son rè-
» gne. Je ne dirai pas notre constante
» sujétion à l'Angleterre, ces nécessités
» dynastiques nous faisant payer aux
» Etats-Unis, à Pritchard et autres, de
» honteux tributs que la France ne de-
» vait pas : je ne dirai pas après le
» drame horrible de Saint-Leu, madame
» de Feuchères, reçue à la Cour ; le tes-
» tament du duc de Bourbon en faveur
» de M. le duc d'Aumale, faisant passer
» dans votre maison l'immense fortune
» de la maison de Condé. Mais un inci-
» dent mérite d'être rappelé : un mo-
» deste legs de cent mille francs de
» rente avec le château d'Ecouen était
» destiné, par le duc de Bourbon, à don-
» ner l'instruction aux enfants pauvres
» de ses vieux compagnons d'armes,
» aux fils des soldats de son père ; Louis-
» Philippe déclara cette cause immorale
» et le château d'Ecouen et les cent mille

» livres de rentes furent grossir le royal
» héritage du duc d'Aumale. *Comment,*
» *après cela, venir parler de la di-*
» *gnité de ce règne ?*»

Dans la séance du 25 mai 1886, un
député, M. de Roys, a prononcé sur le
roi Louis-Philippe les paroles suivantes
qui sont, non seulement la confirmation
des lignes que l'on vient de lire, mais
encore qui seront le vrai jugement de
l'histoire sur ce Prince :

« S'il y a un parti qui ait acclamé la
» révolution de 1848, n'est-ce pas le parti
» royaliste ? Et il avait raison, car l'homme
» qui a été chassé en 1848, c'est l'homme
» qui avait oublié tous les services qu'il
» avait reçus de la branche aînée des
» Bourbons.

« C'est l'homme qui, après avoir pro-
» mis au vieux roi Charles X d'être le
» gardien du trône d'un enfant, avait
» volé ce trône ; c'est l'homme qui,
» après la mort singulièrement mysté-
» rieuse du prince de Condé, avait fait

» ratifier un testament qui, s'il eut été
» refait, aurait transporté à un autre la
» fortune attribuée à son fils ; c'est
» l'homme qui a déshonoré, par un pro-
» cédé dont ne s'était jamais servi un
» prince, la mère de celui qu'on a appelé
» Henri V ; c'est l'homme qui avait
» demandé dans cette enceinte de flétrir
» la conduite de ceux qui étaient allés à
» Belgrave-Square porter le tribut de
» leurs hommages à des proscrits ; c'est
» l'homme, enfin, qui n'avait d'autre
» droit au trône que d'avoir escamoté une
» révolution qui n'avait pas été faite
» pour lui et dont ses amis ne peuvent
» pas se plaindre qu'il ait été renversé
» par les barricades, après avoir été
» porté au pouvoir par les barricades. »

« On dit que la Révolution de février
» avait été la révolution du mépris. Pour
» ceux qui croient à une *justice du Ciel*.
» c'était la révolution de la Justice. Elle
» a débarrassé la France du gouverne-
» ment qui la déshonorait et vous devez

» vous rappeler que MM. les légitimistes
» ont été les premiers à applaudir à la
» chute de ce Prince qui est parti de son
» palais comme un voleur s'évade de sa
» prison. »

Tel sera très probablement, disons-nous, le jugement de l'histoire sur le roi Louis-Philippe.

Si les évènements eussent fait appeler au trône M. le duc d'Orléans, son fils aîné, peut-on conjecturer quel eut été son gouvernement ?

Tout fait croire que ce gouvernement eut été plus *libéral encore, plus dans le sens de la Révolution*. M. le duc d'Orléans a fait un testament politique. C'est là une pièce presque aussi inconnue chez nous à présent qu'un cartulaire de Clovis. En voici un passage qui suffira pour ouvrir les yeux de ceux qui font reposer leurs espérances sur M. le Comte de Paris.

« J'ai la confiance que, lors même que
» les devoirs d'Hélène vis-à-vis des

» enfants que je lui laisse ne l'enchaîne-
» raient plus au sort de ma famille, le
» souvenir de celui qui l'a aimée plus que
» tout au monde, l'associerait à toutes les
» chances diverses de notre avenir et à
» la cause que nous servons. Hélène
» connaît mes idées ardentes et absolues
» à cet égard et sait ce que j'aurais à
» souffrir de la savoir dans un autre
» camp que celui où sont mes sympa-
» thies, où furent mes devoirs. C'est cette
« confiance, si pleinement justifiée jusqu'à
» présent par le noble caractère, l'esprit
» élevé et les facultés de dévouement
» d'Hélène qui me fait désirer qu'elle
» demeure, sans contestation, exclusive-
» ment chargée de l'éducation de nos
» enfants.

« Mais je me hâte d'ajouter que si, par
» malheur, l'autorité du roi ne pouvait
» veiller sur mon fils aîné, jusqu'à sa ma-
» jorité, Hélène devrait empêcher que
» son nom fût prononcé pour la régence
» et désavouer hautement toute tentati-

» ve qui se couvrirait de ce dangereux
» prétexte pour enlever la régence à
» mon frère Nemours ou, à son défaut,
» à l'aîné de mes frères.

» C'est une grande et difficile tâche
» que de préparer le comte de Paris à la
» destinée qui l'attend, car personne ne
» peut savoir dès à présent ce que sera
» cet enfant, lorsqu'il s'agira de recons-
» truire sur de nouvelles bases une socié-
» té qui ne repose aujourd'hui que sur
» des débris mutilés et mal assortis de
» ses organisations précédentes. Mais
» que le comte de Paris soit un de ces
» instruments brisés, avant qu'ils aient
» servi, ou qu'il devienne l'un des ou-
» vriers de cette régénération sociale
» qu'on n'entrevoit qu'à travers de
» grands obstacles et peut-être des flots
» de sang, qu'il soit roi ou qu'il demeu-
» re défenseur inconnu et obscur d'une
» cause à laquelle nous appartenons
» tous, il faut qu'il soit avant tout un
» homme de son temps et de sa nation ;

» qu'il soit catholique et serviteur pas-
» sionné exclusif de la France et de la
» *Révolution*. Je suis certain que, tout
» en restant personnellement fidèle à
» ses convictions religieuses, Hélène élè-
» vera scrupuleusement nos enfants dans
» la religion de leur père, de cette reli-
» gion qui fut de tous les temps celle
» que la France a professée et défendue
» et dont le principe est si parfaitement
» d'accord avec les idées sociales nou-
» velles, au triomphe desquelles mon fils
» doit se consacrer.

« *Hélène sait que ma foi politique*
» *m'est encore plus chère que mon*
» *drapeau religieux* ; mes convictions
» étant après mes affections ce que j'ai
» de plus cher au monde, je *tiens à les*
» *léguer à mon fils*, non par le sot or-
» gueil de me croire infaillible, mais par
» un sentiment profond de fidélité. »

Ces paroles se passent de commen-
taires.

La mort tragique du duc d'Orléans

causa, en son temps, une profonde impression. Tous les esprits clairvoyants comprirent alors que le *doigt de Dieu était là*. Le Prince était très populaire, surtout dans l'armée. Le respect des convenances nous oblige à taire le but de la promenade qu'il faisait le jour mê, me de sa chute. Mais chacun sait que le lendemain, il devait se rendre à Strasbourg et l'on ne parlait rien moins que d'attribuer la cathédrale de cette ville aux protestants.

En montant sur le trône, le duc d'Orléans eut fait asseoir à ses côtés l'hérésie du protestantisme. Etait-ce possible? La princesse Hélène, mère de M. le comte de Paris, avait de belles qualités d'esprit et de cœur, mais, nous le confessons, elle était *profondément attachée à l'hérésie*. Son influence sur le duc d'Orléans était incontestable et eut été un malheur pour la France catholique. Les faveurs royales de tout genre avaient donné, en peu d'années, une vitalité inouïe en France à l'hérésie protestante. Ce fait n'a point passé inaperçu en son temps.

La France, par la Révolution de 1848, manifestait, de la façon la plus claire, que le pacte entre la nation et la dynastie déchue était rompu à jamais. Ce n'était pas un vieux roi qu'elle repoussait, c'était toute sa descendance. S'il en eut été autrement, qui l'empêchait d'acclamer, par ses représentants, le petit-fils du vieux roi, qui, abandonné de tous, prenait le chemin de l'exil, et pouvant à grand'peine, sur les côtes de la France, louer un navire qui le transportât en Angleterre ? M. le comte de Paris ne fut-il pas présenté alors à l'Assemblée législative par sa mère et repoussé à l'unanimité ? Les oncles de M. le Comte de Paris ne commençaient-ils pas à jeter de l'éclat en Algérie par leur bravoure militaire ? Rien n'y fit. Toute la branche cadette fut englobée dans l'arrêt qui frappait son chef.

Après vingt-deux ans d'exil, la famille d'Orléans a pu revoir la France, à la suite d'une guerre fatale et d'une émeute formidable. M. le comte de Paris était alors dans la force de l'âge. Une partie de la nouvelle noblesse et la riche bourgeoisie encensa de nouveau les Princes d'Orléans, qui rentraient avec ce prestige que donne toujours un long exil. Au lieu de se rallier de suite à M. le Comte de Chambord, elle se tint à l'écart et paraissait méconnaître le chef reconnu des Bourbons. Tout le parti dit *catholique libéral*, ayant à sa tête l'évêque d'Orléans, ourdit une conspiration dont le but véritable était d'obtenir l'abdication du Comte de Chambord. Si le noble Prince sut déjouer les projets de ces *Libéraux,* ce ne fut malheureusement pas sans paraître méconnaître les aspirations présentes de la France et ses besoins sociaux. Il n'en fallut pas davantage pour que sa popularité n'en fût atteinte très gravement. M. le Comte de

Chambord ne semblait plus possible. Le parti catholique libéral se groupa davantage autour des princes d'Orléans, et, par cette faute dont il portera le poids devant l'histoire, il empêcha probablement pour jamais le retour de la Monarchie. La République se forma à *une voix* de majorité : voilà ce qu'il ne faut pas oublier (1).

M. le comte de Paris a-t-il jamais désavoué le testament de son père ?

Loin de là ; ce prince, doué de belles qualités, comme ceux de sa race, a protesté *publiquement* qu'il suivrait les enseignements qui y sont contenus. C'était un acte maladroit. Depuis lors, M. le comte de Paris laisse dans le silence ce fameux testament politique et religieux.

Mais il ne faut pas oublier, d'une part, que par suite de son éducation libérale,

(1) Il est remarquable qu'à la séance où la République actuelle fut proclamée par la Chambre à *une* voix de majorité, M. le duc d'Aumale, député, était absent ce jour-là.

par le sang qui coule dans ses veines, d'une autre part, par sa parenté avec tant de princes protestants d'Allemagne, et, enfin, par les opinions bien connues de tous les personnages qui mettent en lui leurs espérances, M. le comte de Paris ne serait, après tout, que le *roi couronné de la Révolution*, ce que n'aurait jamais voulu être son magnanime cousin, M. le comte de Chambord.

M. le comte de Paris a prononcé diverses paroles qui ne rassurent pas pleinement les catholiques sur ses sentiments envers la Sainte-Eglise, bien qu'en son particulier, on le dise dévôt fils de l'Eglise et pratiquant la bienfaisance.

Personne n'ignore que la France est sous la coupe complète de la haute Banque, exploitée par les juifs. Ceci est un fait indéniable.

Le courageux écrivain, qui a nom M. Edouard Drumont, l'a surabondamment démontré.

A la vue de la patrie ainsi exploitée, rançonnée, pillée, menacée même du sort de la Pologne, quelle devrait être l'attitude du Prince que l'on acclame comme le chef de la Maison de France.

Ne serait-ce pas de rompre avec ces filoux de haute lignée financière, de donner le mot d'ordre à tous ses partisans ?

M. le Comte de Paris n'a jamais excité en France un enthousiasme délirant, mais il avait encore pour lui ce petit monde de négociants, de bourgeois, dont les pères avaient jadis été associés à la politique de sa famille. Ses relations avec la haute banque juive lui ont enlevé du coup ses anciens partisans ; il a trouvé moyen de changer son manque de popularité d'autrefois contre l'impopularité bien justifiée qui s'attache à ces financiers exploiteurs. N'a-t-il pas félicité les Rothschild de toutes leurs razzias, de tous leurs coups de Bourse ? Ses oncles ne vont-ils pas s'asseoir à la table de ces

juifs, parader dans leurs salons et recevoir du Baron R... lui-même des sobri-
quets vulgaires.

Suivant le triste exemple du Comte de
Paris et de ses oncles, ne voit-on pas
aujourd'hui les plus grands noms de la
noblesse parmi les assistants aux fêtes
des Rothschild ?

La conduite de M. le Comte de Paris
et de ses fidèles dans l'affaire Boulanger
lui a fait perdre l'estime d'une foule de
ses partisans. Le Prince a même prononcé à cette occasion une de ces paroles
malheureuses que l'histoire enregistre,
mais pour la flétrir sévèrement.

Le caractère de M. le Comte de Paris
est incertain, irrésolu ; sa main n'est pas
ferme. Il faut autre chose que des principes politiques et religieux très vagues,
pour fermer, dans notre pays, l'ère des
révolutions. Un Charlemagne ou un
Saint-Louis en viendraient seuls à bout,
et non sans peine, après les ravages

de la libre-pensée et de la franc-maçonnerie.

M. le Comte de Paris comprend lui-
même *instinctivement* que le pacte
conclu jadis entre les ancêtres de sa race
et la nation, est aujourd'hui *complètement rompu*, qu'il est forcé d'en appeler, lui aussi, à un renouvellement de ce
pacte par un vote nouveau de la nation.
Si le peuple français, consulté dans ses
comices, acclamait Philippe VII, ce ne
serait plus une reconnaissance de droits
périmés, mais *un nouveau mandat, un
nouveau pacte* conclu avec ce rejeton
des anciens rois. Humainement parlant,
tout fait prévoir que ce nouveau mandat
ne sera pas accordé au Prince qui le
sollicite.

Où est actuellement le Sauveur de la
France si ce pays doit être sauvé? Le
Ciel ne le montre pas encore.

Mais tout semble conspirer pour affirmer la conclusion de notre écrit : **La**

dynastie des Bourbons est défini- tivement rejetée.

Quel sera le Sauveur de la France, si elle doit et peut encore être sauvée comme corps de nation ?

Nul ne saurait le dire.

NEVERS. — IMPRIMERIE GÉNÉRALE L. GOURDET